Samuel Cameroun

Il y a un seul baptême !

Samuel Cameroun

Il y a un seul baptême !

Éditions Croix du Salut

Imprint

Cover image: www.ingimage.com

Publisher:
Éditions Croix du Salut
is a trademark of
International Book Market Service Ltd., member of OmniScriptum Publishing Group
17 Meldrum Street, Beau Bassin 71504, Mauritius
Printed at: see last page
ISBN: 978-613-7-37208-1

Vingtième Etude Biblique / 27

IL YA UN SEUL BAPTEME

Ephésiens 4 : 5

Pour VOUS !

Nous rappelons que la présente étude Biblique, " **Il y a un seul Baptême !** " *figure dans un sous ensemble d'une série de sept messages doctrinaux fondamentaux indissociables ; tiré d'Ephésiens 4:4–6. Car* Proverbes 9 : 1 « *La sagesse a bâti sa maison, Elle a taillé ses sept colonnes.* »

L'ensemble de la collection est intitulé " **Que Celui Qui Lit Fasse Attention ! Autre Bonne nouvelle !** ". *Elle se compose de* 20 autres études bibliques, *qui la complètent. Ces études bibliques ont toutes été conçues pour votre croissance et votre édification spirituelle* **!!!**

La Paix de Dieu au-dedans, La joie de Christ au dehors **...**

PROLOGUE SUR LA...

Collection de la série chrétienne

" QUE CELUI QUI LIT FASSE ATTENTIO

(Mathieu 24 : 15)

Au cours de notre marche spirituelle, nous aborderons les fondamentaux de la saine doctrine chrétienne qui en est la colonne et l'appui de la vérité. D'après l'apôtre Paul encourageant son fidèle compagnon dans 1 Timothée 3 : 14 – 15 il lui écrit : « *Je t'écris ces choses, avec l'espérance d'aller bientôt vers toi, mais afin que tu saches, si je tarde, comment il faut se conduire dans la maison de Dieu, qui est l'Église du Dieu vivant, la colonne et l'appui de la vérité* ». A la suite de l'apôtre Paul, les études de cette série, coupleront tout au long, les thèmes de la doctrine biblique à ceux de la prophétie, car Jésus-Christ exhortant fraternellement l'Eglise qui en est " Membre de son Corps " est toujours présent aux côtés des siens. Pour cela, les enseignements de la présente collection s'appuieront essentiellement sur les livres conjoints de la Révélation (Apocalypse), juxtaposé à celui de Daniel, pour confirmer cette bonne nouvelle du message de l'évangile. Puisque, arrivés à la fin des siècles, la doctrine évangélique, les dix commandements de Moïse et la prophétie ont été recommandés précieusement aux chrétiens authentiques, pour leur servir de boussole dans l'obscurité des ténèbres du mal. Ceci en raison de l'esprit d'égarement qui a conduit à l'apostasie doctrinaire, désormais rendue très populaire, parmi toutes ces communautés de prétention chrétienne que la Bible nomme de « *Babylone La Grande La Mère des Impudiques* ! » *Apocalypse 17 : 5.*

Aussi, devons-nous chercher Dieu avec toutes nos forces, nous qui sommes la génération parvenue au terminal de l'histoire de ce monde destiné à sa ruine imminente et éternelle! C'est Jésus seul, qui en a déterminé les conditions de salut pour quiconque veut sincèrement échapper en sortant de ce monde d'impies. Car il le déclare solennellement : « *personne ne peut venir à lui si le Père ne l'attire...* » Cependant une fois venue au Seigneur, sachons également que Jésus ajoute : « *nul ne peut aller à Dieu sans passer par Lui (Jésus)* ». Finalement quel est le but de notre marche chrétienne ? Et qu'est-ce que l'Eglise du Christ ? Peut-elle être une organisation dénominationnelle ? – Les Assemblées chrétiennes doivent-elles dépendre d'une quelconque agence gouvernementale pour prouver qu'elles sont l'Eglise de Christ ?

Alors que les vrais chrétiens s'apprêtent à faire face à la pire persécution de l'histoire sainte, par le « **666** » qui conditionnera bientôt tout Homme, - Nos finances à l'exemple des dimes doivent-elles être engagées pour nous gagner le ciel ? - Le Christ est-il encore présent dans ces dénominations appelées Eglises ? - Qui devrait être à la tête de l'Eglise du Christ ? - Comment se construisent actuellement les communautés chrétiennes sous le seul Berger, Jésus-Christ ? - L'Eglise de Christ en a-t-elle de responsables visibles ? - Cette Eglise de Christ peut-elle entretenir la corruption ? Peut-elle tant soi peu compromettre notre salut par quelques doctrines non scripturaires ? Quelle Eglise en effet aujourd'hui, est parfaitement en conformité avec la sainte volonté de Christ révélée dans la Bible ?

Pour toutes ces interrogations et tant d'autres qu'on en oublie certainement, la collection *"Que celui qui lit, fasse attention"*, propose exclusivement des réponses bibliques simples et assez complètes suivant chaque thématique abordée. Les réponses à ces questions ci-dessus en énoncé disons-le, ne seront données qu'aux cœurs humbles, voilà pourquoi la présente série chrétiennes *"Que celui qui lise fasse attention "*, est une suite de messages vivants. Ils ont été conçus en tenant compte des besoins spirituels de notre génération, surtout des prophéties dont la Bible, par la révélation et l'enseignement doctrinaire de Christ, des apôtres et des prophètes d'autrefois, nous invite à scruter jour et nuit sans relâche dans une vie de prière, leur accomplissement, afin de nous donner la force de paraitre debout devant le Fils de Dieu, au dernier jour. Voici la promesse de Christ à son Eglise « *A celui qui vaincra, et qui gardera jusqu'à la fin mes œuvres, je donnerai autorité sur les nations.* » *Apocalypse 2 : 26*

NB: Sauf indication contraire, les références bibliques citées en études, sont tirées de la version des saintes écritures (Louis Second). Et pour chaque thème, vous pouvez consulter le sommaire en page **63** et **67**. Par l'indication ordinale (question-réponse), toute réaction particulière, pourrait susciter un accompagnement biblique personnalisé et/ou communautaire, tant soit peu, que vous vous manifestiez sur notre site internet, par appel téléphonique WhatsApp ou sur notre adresse électronique marquée au bas de chaque page.

L'Eglise vous présente ainsi une série de *« 27 études bibliques »*, complétant autant de messages vidéos, audio, en version électronique téléchargeable sur le site internet *wwwchrétiens-église.org*. Tout ceci pour un égal nombre de livrets, à offrir progressivement, selon que le Seigneur Yahwéh Dieu, y pourvoira avec miséricorde et grâce en Jésus-Christ !

L'ensemble de cette collection est gratuitement offert, afin de respecter l'esprit de Christ qui nous a recommandé d'en faire don, puisque nous l'avons reçu gratuitement :

ALORS IL N'APPARTIENT A PERSONNE DE VENDRE CETTE PAROLE DE DIEU !

Mais au préalable, nous vous invitons à recevoir la lettre de l'Auteur écrite pour vous les lecteurs. Cette lettre pourrait vous servir de feuille de route et de guide pédagogique. Cependant il n'est jamais chrétien de croire que notre Seigneur agira identiquement dans tous les cas, au cours de votre croissance spirituelle, ou du ministère pastoral d'évangélisation à travers vous. C'est pour cette raison qu'une fois de plus, nous vous invitons à demeurer attentif à sa voix spirituelle, au travers du canal infaillible que représente pour quiconque, la lecture assidue de sa parole, la Bible.

LETTRE D'ENCOURAGEMENT DE L'AUTEUR, POUR VOUS !

Frères et sœurs, que la paix de Dieu qui surpasse toute intelligence, garde vos pensées en Jésus-Christ ! ».

Soyez la bienvenue, en empruntant avec l'Eglise, la petite voie très resserrée qui mène dans l'éternité, et dont seul Le Fils de Dieu, en est Le Guide et Le Souverain Berger…

Avant toute chose, nous vous conseillerons durant votre étude biblique, d'être critiques du sens des doctrines que ces saintes lettres aborderont. En cela, vous serez entrain de suivre les recommandations des Apôtres selon Actes 17 : 11. « *Ces Juifs avaient des sentiments plus nobles que ceux de Thessalonique ; ils reçurent la parole avec beaucoup d'empressement, et ils examinaient chaque jour les Écritures, pour voir si ce qu'on leur disait était exact.* »

Durant votre croissance chrétienne, lisez régulièrement votre Bible. Ecoutez le Saint-Esprit. Partagez cette richesse avec d'autres. Soyez généreux, surtout envers votre entourage. Sachez encourager des initiatives d'étude communautaire. Eprouvez ceux qui par esprit de vaine critique, vous taxeront de sectaire. Luttez sans vous laissez distraire par les ennemis de vos âmes. Simplifiez-vous la vie chrétienne. Assistez les démunies de votre voisinage, à commencer par les membres de votre famille. Impliquez-vous dans des campagnes d'évangélisation publique. Exploitez tous les créneaux de communication, et rependez la bonne nouvelle comme des semeurs de Vie !

N'ignorez personne dans vos prières. Appelez la faveur de Yahwéh Dieu sur ceux qui vous écoutent, mais également sur ceux qui vous résisteront. « N'ayez aucun ennemi…, vivez en paix avec tous…, et soyez en parfait harmonie… », Avec l'ensemble de l'Eglise locale de Christ dans le pays, la ville ou le quartier de vote résidence.

Frères et sœurs, « fuyez le péché » et « soyez saint » car « notre Dieu est Saint. » Et par reconnaissance à Dieu de vous avoir sauvé et envoyé, « chantez-Lui sans cesse des cantiques spirituels sous l'inspiration de son Esprit. »

Comme vous avez « reçu gratuitement », veuillez à ne pas briser cette chaine de solidarité ! Avec de nouveaux disciples, commencez par présentez l'évangile, puis abordez des thèmes doctrinaux en fonction de votre auditoire et de leurs besoins spirituels. Vous pourrez choisir les thèmes qui vous conviennent à vous, en obéissant à la voix du Saint-Esprit. Et comme « l'eunuque Ethiopien » sachez que Christ les rejoindra sur la route quand vous vous mettrez en peine de le leur enseigner, surtout à la jeunesse. Donnez-vous à vos Frères chrétiens « comme une offrande à Dieu », car « la moisson est abondante mais les ouvriers sont peu nombreux. » Aussi, rappelez-vous de la promesse de Christ dans la parabole des « ouvriers de la dernière heure »

Ainsi « notre joie sera parfaite » de vous savoir en route pour la céleste patrie, étant enfants de Dieu et serviteurs du Christ, si vous avez appris qu'il n'y a « pas de plus grand amour, que de donner sa vie pour ceux qu'on aime ». De même « qu'il y a plus de joie à donner qu'à recevoir »

Enfin, soyez heureux, en attendant notre Sauveur Jésus, qui « n'oubliera pas votre participation à la propagation de l'évangile et du message de la vérité ». N'ayez de crainte, que de Dieu Lui Seul. Et puis, très vite faite nous part de votre témoignage : des dons que le Saint-Esprit vous aura gratifié, en vue de parfaire le corps du Christ. « Soyez bénie en tout point de vue ! »

*Alors, « **BIEN AIMES** », recevez ces études bibliques comme un présent du Seigneur Jésus, transmis par le ministère d'évangélisation depuis son Eglise du Cameroun, par votre dévoué serviteur et modeste frère d'Afrique, qui tient à vous rappeler que Yahwéh Dieu, par son Fils Jésus-Christ, vous aime d'un Amour Eternel. Croyez de même à notre dévouée affection fraternelle, par les arrhes du Saint Esprit. Amen !*

NB: *En fin d'étude biblique, aux (**Pages 69 et 70**) de ce titre, vous trouverez les différents thèmes proposés dans la collection d'étude Biblique " Que celui qui lit fasse attention". Nous rappelons aux lecteurs que cette série d'étude biblique chrétienne est disponible gratuitement pour votre édification au site www.chrétiens-église.org*

SAMUEL CAMEROUN, Apôtre du SEIGNEUR JESUS-CHRIST.

cameroun.samuel@gmail.com *Tel + 237 690600469 ou + 237 679647767*

Texte à lire

Marc 16 : 12 – 20

JESUS ORDONNE LE BAPTEME

Après cela, il apparut, sous une autre forme, à deux d'entre eux qui étaient en chemin pour aller à la campagne. Ils revinrent l'annoncer aux autres, qui ne les crurent pas non plus. Enfin, il apparut aux onze, pendant qu'ils étaient à table ; et il leur reprocha leur incrédulité et la dureté de leur cœur, parce qu'ils n'avaient pas cru ceux qui l'avaient vu ressuscité. Puis il leur dit : Allez par tout le monde, et prêchez la bonne nouvelle à toute la création. Celui qui croira et qui sera baptisé sera sauvé, mais celui qui ne croira pas sera condamné. Voici les miracles qui accompagneront ceux qui auront cru : en mon nom, ils chasseront les démons ; ils parleront de nouvelles langues ; ils saisiront des serpents ; s'ils boivent quelque breuvage mortel, ils ne leur feront point de mal ; ils imposeront les mains aux malades, et les malades, seront guéris. Le Seigneur, après leur avoir parlé, fut enlevé au ciel, et il s'assit à la droite de Dieu. Et ils s'en allèrent prêcher partout. Le Seigneur travaillait avec eux, et confirmait la parole par les miracles qui l'accompagnaient. »

INTRODUCTION

LE PAYS DU RECOMMENCEMENT

Il y a bien longtemps des années, un poète a écrit : « *J'aimerais qu'un lieu merveilleux, appelé le pays du recommencement, existe et où je pourrais, en entrant, abandonner toutes mes erreurs et mes chagrins, mes pauvres souffrances égoïstes, et je ne jamais les reprendre* ». Nous avons tous un jour ou l'autre, souhaité désespérément avoir la possibilité de tout recommencer dès le début, sans aucun passif. L'*Apocalypse* fait sans cesse mention du privilège de repartir à zéro. Par exemple, *Apocalypse 1 : 5* nous dit que Jésus ôte le mal de nos vies pour que nous puissions recommencer. *Apocalypse 3 : 8* ouvre devant nous une porte vers une nouvelle vie. *Apocalypse 11 : 8* explique comment, après une amère désillusion, il nous faut repartir à neuf. *Apocalypse 21 : 5* promet que Jésus refera tout à nouveau. **Savez-vous que Jésus a pourvu avec amour, à une cérémonie publique par laquelle le passé est officiellement enterré et une vie nouvelle et merveilleusement commence ?** Rien au monde ne peut se comparer à cet évènement générateur de joie, de contentement, de paix et de repos. Il est sans prix. Jésus a dit que cette expérience pleine de signification est absolument essentielle pour quiconque veut entrer dans le royaume céleste ; elle s'appelle le BAPTEME. Voyons ce que Christ nous enseigne dans ce domaine vital.

C'est pourquoi la vie de cet homme, appelé Jésus-Christ dont les oracles de Dieu annoncèrent les vertus exceptionnelles par des milliers de prophéties qui s'accomplirent toutes les unes après les autres, avec une minutie déconcertante, et qui pendant son séjour sur terre, dirigea un petit groupe de disciples, les apôtres qui reçurent la mission de fonder une communauté multiraciale. En effet, ils s'excentrèrent au-delà des frontières judéennes en suivant un idéal de principes que Dieu guiderait à travers ce Jésus depuis sa demeure céleste, sous l'action de sa force invisible « *Le saint esprit* ». Rapidement l'Esprit de Dieu les conduirait à l'ouvrage du salut de tout Homme que nous retrouvons dans le recueil de Livres intitulé « *Nouveau Testament* ». Pourtant sans y avoir apposé une seule lettre de son propre doigt, cet homme-là, Jésus ou Rabbi qui est cependant surnommé « *La Parole de Dieu* », à trente-trois ans seulement, concluait la victoire du « *Bien* » sur le « *Mal* », en victime expiatoire sur un poteau ensanglanté, et murmurant dans un ton à peine audible par ses bourreaux : « *Tout est accompli* ». De ses bourreaux Jésus leur pardonna également le crime, sans en avoir au préalable reçu de confessions de la part ces derniers. Mais La Bible annonce que (ces bourreaux) seront acceptés dans son royaume pour avoir, le temps d'une seconde, reconnu en lui le Messie promis : Mathieu 27 : 54 « *Le centenier et ceux qui étaient avec lui pour garder Jésus, ayant vu le tremblement de terre et ce qui venait d'arriver, furent saisis d'une grande frayeur, et dirent : Assurément, cet homme était Fils de Dieu.* »

Du murmure salvateur du Fils premier né de la création, figé sous un écriteau « *Roi des Juifs* », agonisant « *entre deux malfaiteurs* », et dans une posture des plus humiliantes : « *nu !* », à un Moïse conquérant, élevé à la cour de pharaon, apparaissant quarante ans plus tard, devant ses frères, armé de deux blocs de pierres dans une nuée de lumière, au sortir d'une montagne en furie, dont la seule vue, arrachait la vie aux plus courageux spectateurs imprudents.

EVANGELISER : UN ORDRE DU CHRIST AUX CHRETIENS DU MONDE !

1. Quel est l'ordre de mission de l'évangile ?

Mathieu 28 : 19

« Allez, faites de toutes les nations des disciples, les baptisant au nom du Père, du Fils et du Saint Esprit, »

2. Le baptême est-il important ?

Marc 16 : 16

« Celui qui croira et qui sera baptisé sera sauvé, mais celui qui ne croira pas sera condamné. »

3. Quelles formes de Baptêmes est pratiquée de n jours ?

a. Immersion (le corps est plongé dans l'eau, vers l'arrière)

b. Immersion triple (le corps est immergé trois fois, de l'avant)

c. Aspersion (quelques gouttes d'eau sont aspergées sur la personne)

d. Infusion (de l'eau est versée sur le candidat)

Tout l'ensemble du protestantisme et le catholicisme

e. Certains le font dans un état de confusion ! « *Au nom du Père, du Fils et du Saint Esprit, et d'autres au nom de Jésus !* »

f. Pour d'autres encore, observant l'apparente contradiction qu'il y a entre Jésus et ces Apôtres « Père, Fils, Saint-Esprit », ou « JESUS-CHRIST », baptisent sans prononcer un seul mot ! ***Confer les Témoins de Jéhovah (TJ)***

g. Pour d'autres enfin, ayant lu que tous les Apôtres ne l'ont fait qu'au nom de Jésus, s'en sont disposer ainsi à le respecter « *Au nom de Jésus* », puisque c'est Lui Jésus qui fut crucifier pour eux ! Devenant de ce fait par le nom de Jésus qui est prononcé sur eux des **CHRETIENS !**

Note : Il y a, aujourd'hui, environs 15 cérémonies différentes appelées « *baptêmes* » : alors, les gens se demandent « **quelle importance cela a-t-il ?** ».

Nous allons voir que, pour Dieu, l'importance est grande et que nous devrions nous empresser de suivre son conseil. *Hébreux 6 : 1 – 2* « *C'est pourquoi, laissant les éléments de la parole de Christ, tendons à ce qui est parfait, sans poser de nouveau le fondement du renoncement aux œuvres mortes, de la foi en Dieu, de la doctrine des baptêmes, de l'imposition des mains, de la résurrection des morts, et du jugement éternel.* »

4. Combien existe-t-il de chemins conduisant au ciel ?

Ephésiens 4 : 5

« *Il y a un seul Seigneur, une seule foi, un seul baptême* »

Note : Dieu ne reconnait qu'une seule forme authentique de baptême. Les autres formes ne sont pas des baptêmes du tout.

5. Que signifie le mot « *baptême* » ?

Réponse :

………………………………………………………………………………..

Note : Le mot vient du grec « *baptizo* » qui signifie plonger, submerger ou immerger.

JESUS NOTRE PARFAIT MODELE

6. Quel est mon exemple en tout, y compris le baptême ? 1 Pierre 2 : 21 « *Qui par lui croyez en Dieu, lequel l'a ressuscité des morts et lui a donné la gloire, en sorte que votre foi et votre espérance reposent sur Dieu.* »

Réponse :

……………………………………………………………………………

7. Comment a-t-il baptisé Jésus ? Marc 1 : 9 – 11

« *En ce temps-là, Jésus vint de Nazareth en Galilée, et il fut baptisé par Jean dans le Jourdain. Au moment où il sortait de l'eau, il vit les cieux s'ouvrir, et l'Esprit descendre sur lui comme une colombe. Et une voix fit entendre des cieux ces paroles : Tu es mon Fils bienaimé, en toi j'ai mis toute mon affection.* »

Réponse par :

……………………………………………………………………………

8. Quand Jean commence par refuser de le baptiser que lui dit Jésus ? Mathieu 3 : 13 – 15

« *Alors Jésus vint de la Galilée au Jourdain vers Jean, pour être baptisé par lui. Mais Jean s'y opposait, en disant : C'est moi qui ai besoin d'être baptisé par toi, et tu viens à moi ! Jésus lui répondit : Laisse faire maintenant, car il est convenable que nous accomplissions ainsi tout ce qui est juste. Et Jean ne lui résista plus.* »

Note : En effet le baptême de Jésus ne revêtait pas la même signification que le nôtre. Puisqu'il n'était pas de nature pécheresse comme tous les autres Hommes ! Cependant sans le Baptême bien que né Fils de Dieu, Jésus ne pouvait être revêtu par le saint esprit pour devenir LE MESSIE-et en même temps **FILS de Dieu** et entrer dans sa mission de sauveur de l'humanité. Constatons dans le livre prophétique de Daniel ce qu'en dit les saintes écritures.

9. Quelle prophétie détermine le baptême de Jésus ?

Daniel : 9 - 24 « *Soixante-dix semaines ont été fixées sur ton peuple et sur ta ville sainte, pour faire cesser les transgressions et mettre fin aux péchés, pour expier l'iniquité et amener la justice éternelle, pour sceller la vision et le prophète, et pour oindre le Saint des saints.* »

10. Quelle est la signification première du baptême ?

Daniel : 9 - 24 « *Soixante-dix semaines ont été fixées sur ton peuple et sur ta ville sainte, pour faire cesser les transgressions et mettre fin aux péchés, pour expier l'iniquité et amener la justice éternelle, pour sceller la vision et le prophète, et pour oindre le Saint des saints.* »

11. Quel est le nom de Jésus en rapport avec son baptême ? Daniel : 9 - 24

« *Soixante-dix semaines ont été fixées sur ton peuple et sur ta ville sainte, pour faire cesser les transgressions et mettre fin aux péchés, pour expier l'iniquité et amener la justice éternelle, pour sceller la vision et le prophète, et pour oindre le Saint des saints. »*

12. Que lisons-nous à cet effet dans le Nouveau Testament ? *Actes 10 : 38*

« Vous savez comment Dieu a oint du Saint Esprit et de force Jésus de Nazareth, qui allait de lieu en lieu faisant du bien et guérissant tous ceux qui étaient sous l'empire du diable, car Dieu était avec lui. »

Note : *Actes 10 : 39 « Nous sommes témoins de tout ce qu'il a fait dans le pays des Juifs et à Jérusalem. Ils l'ont tué, en le pendant au bois. » Actes 10 : 40 « Dieu l'a ressuscité le troisième jour, et il a permis qu'il apparût…»*

13. Comment était Jésus avant sa crucifixion ?

Philippiens 2.7 « mais s'est dépouillé lui-même, en prenant une forme de serviteur, en devenant semblable aux Hommes et ayant paru comme un simple homme »

14. Comment est le corps de Jésus après sa résurrection ? *Actes 10 : 41*

« Non à tout le peuple, mais aux témoins choisis d'avance par Dieu, à nous qui avons mangé et bu avec lui, après qu'il fut ressuscité des morts. »

Note : En se faisant baptiser dans les eaux, Jésus a voulu prendre totalement notre condition, voilà pourquoi il nous demande également à nous de nous disposer à le servir totalement *Philippiens 2 : 8 « il s'est humilié lui-même, se rendant obéissant jusqu'à la mort,* *même jusqu'à la mort de la croix.* » Philippiens 2 : 9 « *C'est pourquoi aussi Dieu l'a souverainement élevé, et lui a donné le nom qui est au-dessus de tout nom* » Philippiens 2 : 10 « *afin qu'au nom de Jésus tout genou fléchisse dans les cieux, sur la terre et sous la terre* »

15. Comment le baptême est-il encore appelé ?

Daniel : 9 – 24 Daniel : 9 - 24 « *Soixante-dix semaines ont été fixées sur ton peuple et sur ta ville sainte, pour faire cesser les transgressions et mettre fin aux péchés, pour expier l'iniquité et amener la justice éternelle, pour sceller la vision et le prophète, et pour oindre le Saint des saints.* »

TEXTES ADDITIONNELS SUR LE BAPTEME DU CHRIST

Daniel 9 : 25 « *Sache-le donc, et comprends ! Depuis le moment où la parole a annoncé que Jérusalem sera rebâtie jusqu'à l'Oint, au Conducteur il y a sept semaines et soixante-deux semaines, les places et les fossés seront rétablis, mais en des temps fâcheux.* » Daniel 9 : 26 « *Après les soixante-deux semaines, un oint sera retranché* »

Note : Rappelons que le terme *« oint »* ici énoncé qui fait évidemment allusion au *« baptême »*, distingue tous les croyants en Jésus comme des êtres mis à part pour la gloire du Seigneur, car dans plusieurs passages observons les noms attribués à Jésus ! I Timothée 6 : 14 - 16 « *et de vivre sans tache, sans reproche, jusqu'à l'apparition de notre Seigneur Jésus Christ, que manifestera en son temps le bienheureux et seul souverain, le Roi des rois, et le Seigneur des seigneurs, qui seul possède l'immortalité, qui habite une lumière inaccessible, que nul homme n'a vu ni ne peut voir, à qui appartiennent l'honneur et la puissance éternelle. Amen !* ». Attention à l'appellation Roi des rois ici utilisé ! Peut-il s'agir de Jésus dans ce passage ? NON, puisque à côté il est dit : « *qui habite une lumière inaccessible, que nul homme n'a vu ni ne peut voir* », conclusion le terme Roi des rois parle bel et bien de YAHWEH Dieu et d'autres Rois, entre autre Jésus-Christ et peut être nous ! A ce sujet lisons plus loin dans le livre de la révélation ce qu'en dit Jean l'un des disciples de Jésus.

Révélation 17 : 14 « *Ils combattront contre l'agneau, et l'agneau les vaincra, parce qu'il est le Seigneur des seigneurs et le Roi des rois, et les appelés, les élus et les fidèles qui sont avec lui les vaincront aussi.* » Par contre dans ce passage, nous comprenons clairement que l'onction du baptême faisant de nous des oints de l'Eternel, nous sommes aussi appelés des noms de rois et seigneurs, Jésus étant comme il est dit 'Le Roi' des rois et Le 'Seigneur'' des seigneurs. Voilà le point capital où devrait-nous conduire l'enseignement sur le baptême. En saisissons-nous l'immense importance à présent ?

16. Dans le Nouveau Testament le même mot, est-il également utilisé en rappel de l'Ancien Testament ?

Actes 10 : 38 « *Vous savez comment Dieu a oint du Saint Esprit et de force Jésus de Nazareth, qui allait de lieu en lieu faisant du bien et guérissant tous ceux qui étaient sous l'empire du diable, car Dieu était avec lui.* » Daniel 9 : 25 « *Sache-le donc, et comprends ! Depuis le moment où la parole a annoncé que Jérusalem sera rebâtie jusqu'à l'Oint, au Conducteur, il y a sept semaines et soixante-deux semaines, les places et les fossés seront rétablis, mais en des temps fâcheux.* »

Note : Actes 10 : 42 « *Et Jésus nous a ordonné de prêcher au peuple et d'attester que c'est lui qui a été établi par Dieu juge des vivants et des morts.* » Savez-vous qu'autre fois, les Rois d'Israël étaient intronisés par l'onction de l'huile d'olive ? Aujourd'hui Dieu a choisi par l'immersion de l'eau lors du Baptême d'oindre ses serviteurs pour en faire des rois qui serviront son Grand Roi Jésus-Christ !

17. Par quel " Nom ", le baptême est-il pratiqué dans l'Eglise chrétienne " Dieu " ou " Jésus-Christ " ? Jean 10 : 35

« *Si elle a appelé* ***« dieux ceux à qui la parole de Dieu »*** *a été adressée, et si l'Écriture ne peut être anéantie* »

Note : Sommes-nous surpris d'apprendre que Dieu nous appelle des dieux ! Oui, il faut lire l'écriture telle que Dieu voudrait que nous la lisions ; c'est-à-dire avec exactitude et fidélité de cœur... On y lit dans le 1ere épitre *de Paul aux* Corinthiens 8 : 5 – 7 « *Car, s'il est* ***des êtres*** *qui sont appelés* ***dieux, soit dans le ciel, soit sur la terre,*** *comme* ***il existe réellement plusieurs dieux et plusieurs seigneurs,*** *néanmoins pour nous il n'y a qu'un seul Dieu, le Père, de qui viennent toutes choses et pour qui nous sommes, et un seul Seigneur, Jésus Christ, par qui sont toutes choses et par qui nous sommes. Mais cette connaissance n'est pas chez tous.* »

18. Jésus aurait-il eu de successeur dans sa mission salvatrice ? Daniel 9 : 26

« *Après les soixante-deux semaines, un Oint sera retranché, et il n'aura pas de successeur.* »

19. Pourquoi n'aurait-il pas eu de successeur ?

Hébreux 7 : 24

« Mais lui, parce qu'il demeure éternellement, possède un sacerdoce qui n'est pas de successeur »

18- En quel nom devrait être fait le Baptême ?

Actes 10 : 43 *« Tous les prophètes rendent de lui le témoignage que quiconque croit en lui reçoit par son nom le pardon des péchés. »*

20. Jésus devrait-il être le seul Conducteur ou Pasteur ?

Réponse : OUI

Note : *Jean 10 : 16 « J'ai encore d'autres brebis, qui ne sont pas de cette bergerie ; celles-là, il faut que je les amène ; elles entendront ma voix, et il y aura un seul troupeau, un seul berger. »*

21. Combien devrait-il avoir d'Eglise de Christ selon les saintes écritures ? *Ephésiens 4 : 4 - 6*

« Il y a un seul corps et un seul Esprit, comme aussi vous avez été appelés à une seule espérance par votre vocation ; il y a un seul Seigneur, une seule foi, **un seul baptême***, un seul Dieu et Père de tous, qui est au-dessus de tous, et parmi tous, et en tous. »*

22. Un homme peut-il baptiser un autre du Saint-Esprit ? *Jean 1 : 26*

« Jean leur répondit : Moi, je baptise d'eau, mais au milieu de vous il y a quelqu'un que vous ne connaissez pas, qui vient après moi »

23. Pourquoi n'y a-t- il pas d'autres personnes par les noms desquels nous puissions être baptisé ?

Jean 1 : 33

« Je ne le connaissais pas, mais celui qui m'a envoyé baptiser d'eau, celui-là m'a dit : Celui sur qui tu verras l'Esprit descendre et s'arrêter, c'est celui qui baptise du Saint Esprit. »

24. L'Apôtre Pierre faisait-il baptiser les croyant autrement que par le nom de Jésus ? *Actes 2 : 38*

« Pierre leur dit : Repentez-vous, et que chacun de vous soit baptisé au nom de Jésus Christ, pour le pardon de vos péchés ; et vous recevrez le don du Saint Esprit. »

25. Y a-t-il un prophète dans toute la Bible qui enseigna autrement le salut par un autre nom ?

Actes 10 : 43 « Tous les prophètes rendent de lui le témoignage que quiconque croit en lui reçoit par **son nom** *le pardon des péchés. »*

26. Y a-t-il deux noms possibles qui ait été donné aux Hommes par lequel nous puissions être sauvé ?

Actes 4 : 12 « Il n'y a de salut en aucun autre ; car il n'y a sous le ciel **aucun autre nom** *qui ait été donné parmi les hommes, par lequel nous devions être sauvés. »*

27. Comment le nom de Jésus sauva-il les hommes ?

Actes 2 : 21 « *Alors quiconque invoquera le nom du Seigneur sera sauvé.* »

28. Actes 2 : 38

« *Pierre leur dit : Repentez-vous, et que chacun de vous soit baptisé au nom de Jésus Christ, pour le pardon de vos péchés ; et vous recevrez le don du Saint Esprit.* »

29. Par quel nom Dieu fit-il toutes sortes de miracles, sauvant des maladies, délivrant les Hommes des démons ? Actes 3 : 6

« *Alors Pierre lui dit : Je n'ai ni argent, ni or ; mais ce que j'ai, je te le donne : au nom de Jésus Christ de Nazareth, Lève-toi et marche.* »

Actes 4 : 7 « *Ils firent placer au milieu d'eux Pierre et Jean, et leur demandèrent :* ***Par quel pouvoir, ou au nom de qui avez-vous fait cela ?*** » Actes 4 : 10 - 11 « *sachez-le tous, et que tout le peuple d'Israël le sache ! C'est par le nom de Jésus Christ de Nazareth, que vous avez été crucifié, et que Dieu a ressuscité des morts, c'est par lui que cet homme se présente en pleine santé devant vous. Jésus est La pierre rejetée par vous qui bâtissez, Et qui est devenue la principale de l'angle.* »

30. Comment Dieu honora-t-il le Nom de Jésus dans le monde ? Actes 2 : 9 - 11

« C'est pourquoi aussi Dieu l'a souverainement élevé, et lui a donné le nom qui est au-dessus de tout nom, afin qu'au nom de Jésus tout genou fléchisse dans les cieux, sur la terre et sous la terre, et que toute langue confesse que Jésus Christ est Seigneur, à la gloire de Dieu le Père. »

31. Comment Dieu sauve-t-il depuis toujours les âmes en perdition ? Actes 2 : 38 – 39

« Car la promesse est pour vous, pour vos enfants, et pour tous ceux qui sont au loin, en aussi grand nombre que le Seigneur notre Dieu les appellera. Et, par plusieurs autres paroles, il les conjurait et les exhortait, disant : Sauvez-vous de cette génération perverse. »

32. Ayant accepté la vie en Jésus, comment les communautés chrétiennes évoluèrent-elles ?

Actes 2 : 41 – 44 « Ceux qui acceptèrent sa parole furent baptisés ; et, en ce jour-là, le nombre des disciples s'augmenta d'environ trois mille âmes. Ils persévéraient dans l'enseignement des apôtres, dans la communion fraternelle, dans la fraction du pain, et dans les prières. La crainte s'emparait de chacun, et il se faisait beaucoup de prodiges et de miracles par les apôtres. Tous ceux qui croyaient étaient dans le même lieu, et ils avaient tout en commun »

33. Quelle cérémonie préconisa Pierre suite à la manifestation du saint esprit parmi les païens ?

Actes 10 : 47 « Alors Pierre dit : Peut-on refuser l'eau du baptême à ceux qui ont reçu le Saint Esprit aussi bien que nous ? » Actes 10 : 44 « Comme

Pierre prononçait encore ces mots, le Saint Esprit descendit sur tous ceux qui écoutaient la parole. »

34. Les Juifs ont-ils accepté spontanément l'entrée des gentils dans l'Eglise ? Actes 10 : 45

« *Tous les fidèles circoncis qui étaient venus avec Pierre furent étonnés de ce que le don du Saint Esprit était aussi répandu sur les païens.* » Actes 10 : 46 « *Car ils les entendaient parler en langues et glorifier Dieu.* »

35. Comment et de quel nom les fit-il baptiser ?

Actes 10 : 48 *Et il ordonna qu'ils fussent baptisés au nom du Seigneur ; Sur quoi ils le prièrent de rester quelques jours auprès d'eux.* »

36. Pouvons-nous faire baptiser autrement que les saintes écritures ne l'aient prescrite dans la Bible ?

1 Corinthiens 4 : 6 « *C'est à cause de vous, frères, que j'ai fait de ces choses une application à ma personne et à celle d'Apollos, afin que vous appreniez en nos personnes à ne pas aller au-delà de* ***ce qui est écrit****, et que nul de vous ne conçoive de l'orgueil en faveur de l'un contre l'autre.* »

37. Comment étaient appelés ceux qui suivaient fidèlement Jésus dans les saintes écritures ?

Actes 24 : 14 « *Je t'avoue bien que je sers le Dieu de mes pères selon la voie qu'ils appellent* ***une secte****, croyant tout ce qui est écrit dans la loi et dans les prophètes* » Actes des Apôtres 11 : 26 « *et, l'ayant trouvé, il* *l'amena à Antioche. Pendant toute une année, ils se réunirent aux assemblées de l'Église, et ils enseignèrent beaucoup de personnes. Ce fut à Antioche que, pour la première fois, les disciples furent appelés* ***chrétiens.*** »

38. D'où provient l'appellation du nom chrétien ?

Romains 1 : 6 « *Paul, serviteur de Jésus Christ, appelé à être apôtre, mis à part pour annoncer l'Évangile de Dieu, - qui avait été promis auparavant de la part de Dieu par ses prophètes dans les saintes Écritures, et qui concerne son Fils (né de la postérité de David, selon la chair, et déclaré Fils de Dieu avec puissance, selon l'Esprit de sainteté, par sa résurrection d'entre les morts), Jésus Christ notre Seigneur, par qui nous avons reçu la grâce et l'apostolat, pour amener en son nom à l'obéissance de la foi tous les païens, parmi lesquels vous êtes aussi, vous qui avez été appelés par Jésus-Christ* »

Quelques versets bibliques déterminant le nom de " CHRETIENS " que portent les croyants de YAHWEH DIEU

1 Corinthiens 1 : 2 « *à l'Église de Dieu qui est à Corinthe, à ceux qui ont été sanctifiés en Jésus Christ, appelés à être saints, et à tous ceux qui invoquent en quelque lieu que ce soit le nom de notre Seigneur Jésus Christ, leur Seigneur et le nôtre* » Philippiens 3 : 3 « *Car les circoncis, c'est nous, qui rendons à Dieu notre culte par l'Esprit de Dieu, qui nous glorifions en Jésus Christ, et qui ne mettons point notre confiance en la chair.* »

39. Quelle est la récompense future pour ceux et celles qui acceptent l'ignominie de la part des païens aujourd'hui? Actes 24 : 15

« *Et ayant en Dieu cette espérance, comme ils l'ont eux-mêmes, qu'il y aura une résurrection des justes et des injustes.* »

40. Pourquoi seul le nom de Jésus prononcé lors de l'immersion nous donne-t-il le salut au Baptême ? Daniel 9 : 26 - 27

« *... et il n'aura pas de successeur. Le peuple d'un chef qui viendra détruira la ville et le sanctuaire, et sa fin arrivera comme par une inondation ; il est arrêté que les dévastations dureront jusqu'au terme de la guerre. Il fera une solide alliance avec plusieurs pour une semaine, et durant la moitié de la semaine il fera cesser le sacrifice et l'offrande* »

41. Que va-t-il se produire contre les chrétiens face au Diable avant le retour du Christ ?

Apocalypse 12 : 7 - 17

« *Et il y eut guerre dans le ciel. Michel et ses anges combattirent contre le dragon. Et le dragon et ses anges combattirent, mais ils ne furent pas les plus forts, et leur place ne fut plus trouvée dans le ciel. Et il fut précipité, le grand dragon, le serpent ancien, appelé le diable et Satan, celui qui séduit toute la terre, il fut précipité sur la terre, et ses anges furent précipités avec lui. Et j'entendis dans le ciel une voix forte qui disait : Maintenant le salut est arrivé, et la puissance, et le règne de notre Dieu, et l'autorité de son Christ ; car il a été précipité, l'accusateur de nos frères, celui qui les accusait devant notre Dieu jour et nuit. Ils l'ont vaincu à cause du sang de l'agneau et à cause de la parole de leur témoignage, et ils n'ont pas aimé leur vie jusqu'à craindre la mort. C'est pourquoi réjouissez-vous, cieux, et vous qui habitez dans les cieux. Malheur à la terre et à la mer ! Car le diable est descendu vers vous, animé d'une grande colère, sachant qu'il a peu de temps. Quand le dragon vit qu'il avait été précipité sur la terre, il poursuivit la femme qui avait enfanté l'enfant mâle. Et les deux ailes du grand aigle furent données à la femme, afin qu'elle s'envolât au désert, vers son lieu, où elle est nourrie un temps, des temps, et la moitié d'un temps, loin de la face du serpent. Et, de sa bouche, le serpent lança de l'eau comme un fleuve derrière la femme, afin de l'entraîner par le fleuve. Et la terre secourut la femme, et la terre ouvrit sa bouche et engloutit le fleuve que le dragon avait lancé de sa bouche. Et le dragon fut irrité contre la femme, et il s'en alla faire la guerre au reste de sa postérité, à ceux qui gardent les commandements de Dieu et qui ont le témoignage de Jésus.* »

42. Comment les chrétiens vont-ils être persécutés sur toute la surface de la terre par le Diable et ses suppôts vers la fin du monde ?

Apocalypse 12 : 13-16

« *Quand le dragon vit qu'il avait été précipité sur la terre, il poursuivit la femme qui avait enfanté l'enfant mâle. Et les deux ailes du grand aigle furent données à la femme, afin qu'elle s'envolât au désert, vers son lieu, où elle est nourrie un temps, des temps, et la moitié d'un temps, loin de la face du serpent. Et, de sa bouche, le serpent lança de l'eau comme un fleuve derrière la femme, afin de l'entraîner par le fleuve Et la terre secourut la femme, et la terre ouvrit sa bouche et engloutit le fleuve que le dragon avait lancé de sa bouche.* »

43. Qu'est-ce qui distinguera les enfants de Dieu, des autres habitants du monde ? Apocalypse 14 : 10 - 12

« *Et le dragon fut irrité contre la femme, et il s'en alla faire la guerre au restes de sa postérité,* ***à ceux qui gardent les commandements de Dieu et qui ont le témoignage de Jésus****. Et la fumée de leur tourment monte aux siècles des siècles ; et ils n'ont de repos ni jour ni nuit, ceux qui adorent la bête et son image, et quiconque reçoit la marque de son nom. C'est ici la persévérance des saints, qui gardent les commandements de Dieu et la foi de Jésus.* »

44. Que dit la Bible sur les paroles prononcées par Jésus, et incomprises maladroitement à la perdition de certains ? Luc 2 : 25 – 35

« Et voici, il y avait à Jérusalem un homme appelé Siméon. Cet homme était juste et pieux, il attendait la consolation d'Israël, et l'Esprit Saint était sur lui. Il avait été divinement averti par le Saint Esprit qu'il ne mourrait point avant d'avoir vu le Christ du Seigneur. Il vint au temple, poussé par l'Esprit. Et, comme les parents apportaient le petit enfant Jésus pour accomplir à son égard ce qu'ordonnait la loi, il le reçut dans ses bras, bénit Dieu, et dit : Maintenant, Seigneur, tu laisses ton serviteur S'en aller en paix, selon ta parole. Car mes yeux ont vu ton salut, Salut que tu as préparé devant tous les peuples, Lumière pour éclairer les nations, Et gloire d'Israël, ton peuple. Son père et sa mère étaient dans l'admiration des choses qu'on disait de lui. Siméon les bénit, et dit à Marie, sa mère : Voici, cet enfant est destiné à amener la chute et le relèvement de plusieurs en Israël, et à devenir un signe qui provoquera la contradiction, et à toi-même une épée te transpercera l'âme, afin que les pensées de beaucoup de cœurs soient dévoilées. »

DIFFERENCE DE BAPTEME ENTRE LES ENFANTS DE DIEU A CEUX DU MONDE, AUX DERNIERS JOURS.

45. D'où provient la plus grande erreur des défenseurs de la doctrine de la " Trinité " c'est-à-dire les adeptes du " 666 " ? *Mathieu 28 : 19*

« *Allez, faites de toutes les nations des disciples, les baptisant* ***au nom du Père, du Fils et du Saint Esprit*** »

Note: C'est à partir de ces paroles déclarées avant son départ physique au ciel, que la dérive la plus populaire a perdu le Monde chrétien par la doctrine sur la Trinité. Cette doctrine d'essence catholique, originellement païenne, fût importée des croyances hindouistes d'Orient, comportant entre autre le culte aux divinités chères aux femmes et rencontra assimilation avec le culte Marial non biblique, la dévotion au dieu soleil, des prières adressées aux anges et à divers esprits. Ce qui contraste avec l'exclusivité d'adoration réservée au Dieu d'Israël, le seul Dieu invisible YAHWEH, dont ladite loi mosaïque a expressément stipulée en ses Dix préceptes de commandements, en précisant son unicité et inamovible exclusivité.

46. Quel est le sens premier sens du baptême ?

Note: La mort du Christ.

47. Baptême signifie immersion ou enterrement, peut-on de ce point de vue enterrer quelqu'un au nom de Dieu ?

Note: Non puisque, Dieu n'est pas un Homme, pour ainsi être enterrer ! Donc le baptême ne peut se faire au nom Du Père, Du Fils et Du Saint Esprit.

48. Le Saint Esprit n'étant pas Dieu, comment la Bible le démontre-telle ? *Mathieu 3 : 16 – 17*

« *Alors Jésus vint de la Galilée au Jourdain vers Jean, pour être baptisé par lui. Mais Jean s'y opposait, en disant : C'est moi qui ai besoin d'être baptisé par toi, et tu viens à moi ! Jésus lui répondit : Laisse faire maintenant, car il est convenable que Nous accomplissions ainsi tout ce qui est juste. Et Jean ne lui résista plus. Dès que Jésus eut été baptisé, il sortit de l'eau. Et voici, les cieux s'ouvrirent, et il vit l'Esprit de Dieu descendre comme une colombe et venir sur lui. Et voici, une voix fit entendre des cieux ces paroles : Celui-ci est mon Fils bien-aimé, en qui j'ai mis toute mon affection.* »

DOCTRINE DE LA TRINITE ET PERDITION DU MONDE PAR UN BAPTEME IMMONDE A PARTIR DES PAROLES INCOMPRISES DE JESUS

49. Comment les chrétiens se sont trompés sur les paroles du Christ ? Mathieu 28 : 19

« Allez, faites de toutes les nations des disciples, les baptisant au nom du Père, du Fils et du Saint Esprit »

Note: La dérive la plus populaire est celle de la doctrine sur la Trinité. Cette doctrine d'essence catholique, originellement païenne, fût importée des croyances hindouistes d'Orient, comportant entre autre le culte aux divinités chères aux femmes et rencontra assimilation avec le culte Marial non biblique, la dévotion au dieu soleil, des prières adressées aux anges et à divers esprits. Ce qui contraste avec l'exclusivité d'adoration réservée au Dieu d'Israël, le seul Dieu invisible YAHWEH, dont ladite loi mosaïque a expressément stipulée en ses Dix préceptes de commandements, en précisant son unicité et inamovible exclusivité.

Au risque de toute dérive, les épitres de Jean dans ces saintes lettres, font un rappel de ce que, la nature de Jésus, par ailleurs devenue Homme, annonce des enjeux d'une apostasie doctrinaire, conséquence de la perdition du monde qui s'est mis à croire plutôt en un Jésus-Christ qui serait d'essence et en même temps de nature divine plénipotentiaire 1 Jean 3 : 18 – 19, 1 Jean 4 : 1 – 6. Car selon le "CREDO " de la Babylone spirituelle, il (Jésus-Christ) serait " Dieu, né du Vrai Dieu, engendré non pas crée, de même nature que Le Père…". Pourtant la bible est claire sur les enjeux de cette doctrine portant sur la nature de Jésus. 2 jean 1 : 7 « *Car plusieurs séducteurs sont entrés dans le monde, qui ne confessent point que Jésus Christ est venu en chair. Celui qui est tel, c'est le séducteur et l'antéchrist.* » Dérives que les Hommes ont commencées d'amorcer depuis les temps apostoliques, jusqu'à la conclusion de l'histoire du monde, lorsqu'est apparu sur la scène religieuse mondiale, l'être que la Bible a qualifié « d'*Abomination De La Désolation* », « d'*Homme Impie* », de « *Méchant* », « d'*Adversaire De Dieu* », tout simplement de « *"666"* ».

50. Quelles paroles furent-elles, directement écrites du doigt de Dieu dans la Bible ? Exode 34 : 1

« *L'Éternel dit à Moïse : Taille deux tables de pierre comme les premières, et j'y écrirai les paroles qui étaient sur les premières tables que tu as brisées.* »

« TU N'AURAS PAS D'AUTRES DIEUX DEVANT MA FACE. »

Premier commandement de Dieu donné à Moise !

Note: En effet dès le préambule du décalogue, on découvre aisément la particularité réservée à la Personne de son Auteur : l'adoration ! L'adoration Lui est due unilatéralement par son peuple sémite, en opposition totale de l'Egypte polythéiste duquel il a récemment libéré, qui comptait parmi ces multiples divinités une de plus qui en était une de trop, celle de considérer et de qualifier le pharaon son roi, de dieu sur terre. Nous comprenons pour quoi les premières paroles du Dieu de Moïse insistent sur ce point de démarcation d'avec tous les peuples antiques et d'abord de cette Egypte polythéiste, idolâtrique, et donc locomotrice du paganisme planétaire. Les premières paroles de Dieu, ses dix commandements, bien que transcrites directement de Lui, connurent une multitude d'interprétations et diverses doctrines émanant de ces codes de la communion d'avec son peuple.

51. D'où provient alors cette doctrine de la Trinité ?

Les doctrines perverses et sataniques, qui ont perdu le Monde spirituel de la chrétienté depuis la montée de cet Homme pervers, sont mises à l'actif de cette même personnalité, qui du moins se réclame avec cynisme d'en faire partie et d'y être même à la tête des apôtres comme "Successeur De Pierre", "Vicaire Du Fils De Dieu", "Chef d'Etat", puis finalement « *comme **Dieu Lui-même sur terre** en s'autoproclamant comme tel dans l'Eglise, juste avant le retour du Christ, et en imposant la marque du chiffre spirituelle "666" à tous les habitants de la terre!* » *2 Thessaloniciens 2 : 3 - 7* et *Apocalypse 13 : 1 – 18*. Le **"Dies Solis"**. Le "dieu soleil" que Rome adorait avant sa mutation au culte catholique en sa forme actuelle, en est un exemple concret advenant de la divinité officielle de l'Eglise de Rome, une fois construit le sanctuaire d'Italie de la même citée du mal, avec impacte sur la suite des commandements de Dieu, notamment celui du Sabbat.

(Voir les études Bibliques de la série, N° 4, 5 et 6 dans la présente collection)

- Le Grand Signe de la Bête, le (666) révélé.
- Comment les Hommes ont-ils déjà pris le (666) le Signe de la Bête sur le Front ?

CONCLUSION

En conclusion de cette importante leçon qui consacre notre baptême au nom de Jésus-Christ pour nous, en saisissons-nous l'incontournable condition de l'en faire en recevant cette cérémonie dans une eau immergée par quiconque, avec pour seul mention, ce nom que Dieu a donné sur terre comme dans le ciel par lequel tout Homme recevrait le pardon de ses péchés ! Il ne faut pas le confondre Jean Le Baptiste a déclaré devant tous les juifs curieux de savoir quelle en était sa mission jean répondit « *Je ne suis pas le Christ, car je ne suis même pas digne de délier la courroie de ses sandales, celui qui m'a envoyé m'a dit que c'est celui qui baptisera de Saint Esprit et de feu* » Egalement il faut s'en souvenir, l'épitre aux hébreux déclaré également que « *Jésus a un sacerdoce qui n'est pas transmissible* », voilà pourquoi il n'est pas possible d'être baptisé du Saint Esprit par quiconque si ce n'est par Jésus-Christ uniquement. Et cette naissance est donc manifesté par la vie que Dieu transmet par Christ, puisque c'est Lui Le Chemin, La Vérité et La Vie ! Comment cette de Christ qui en est Seigneur des seigneurs et Roi des rois pour nous qui recevons le revêtement de Jésus, justement être potentiellement replongé dans les eaux même si nous avions été déjà immergé autrement que par le nom de Jésus-Christ une énième fois selon des modèles qui ne vous garantissent pas le salut. Bien aimés ayons soins de recevoir la question de l'Apôtre Paul aux nouveaux prosélytes « *avez-vous reçu Le Saint Esprit lorsque vous avez été baptisé ?* » Puisque notre baptême est la garantie de notre identification à Christ en tout point de vue, rappelons-nous ainsi que ce n'est ni l'Esprit de Dieu, encore moins le Père qui mourut pour nous ! D'autant plus que Siméon tenant le Fils de Dieu dans ses bras évoqua combien ceux et celles qui ne comprendraient pas la mission et ses paroles, ceux-là allaient s'y choqués pour leur propre ruine. Surtout Siméon a encore déclaré « *Et à être un signe qui provoquera la contradiction* ». Donc cette parole de Christ « *allez et faites de toutes les nations des disciples mes disciples, les baptisant au nom du Père, du Fils et du Saint Esprit* » Auraient-elle été mal comprise, ces par ses Apôtres qui vécurent directement les dernières consignes du Christ ? Puisque nous savons que la Bible stipule très clairement que « *Les pharisiens surent que Jésus faisait et baptisaient plus de disciples que Jean, Toutes fois ce n'était pas Lui-même qui baptisaient mais c'étaient ses disciples qui le faisaient.* » Nous ne pouvons donc pas ignorer que toutes construction de l'édifice de Dieu qu'est son Eglise reste et demeure sous le contrôle de Jésus au travers de ses apôtres qui ne sont ni en opposition de ces consignes encore moins en contradiction entre eux. Le baptême est et reste une seule et même cérémonie pratiquée dans toute l'Eglise du Christ à travers toute la surface de la terre habitable ! Au vue de toute ces apparentes inquiétudes que nous semblons percevoir dans les dernières paroles de Christ à ses disciples, comprenons-nous importance de ces propos de l'Apôtre Paul « *Il y a un seul BAPTEME* », que la saine doctrine a fait ressortir comme étant le socle et l'appui de la vérité entre les doctrines inamovibles de la vérité contenue dans Ephésiens 4 : 4 – 5 « *Il y a un Seul Dieu, Un Seul Seigneur, Une Foi* comme *il y a Un Seul BAPTEME* » Alors en tout état de cause le baptême du Christ ou le nôtre avons-nous mesurer son importance pour nous ? Romain 6 : 3 – 23 « *Ignorez-vous que nous tous qui avons été baptisés en Jésus Christ, c'est en sa mort que nous avons été baptisés ? Nous avons donc été ensevelis avec lui par le baptême en sa mort, afin que, comme Christ est ressuscité des morts par la gloire du Père, de même nous aussi nous marchions en nouveauté de vie. En effet, si nous sommes devenus une même plante avec lui par la conformité à sa mort, nous le serons aussi par la conformité à sa résurrection, sachant que notre vieil homme a été crucifié avec lui, afin que le corps du péché fût détruit, pour que nous ne soyons plus esclaves du péché ; car celui qui est mort est libre du péché. Or, si nous sommes morts avec Christ, nous croyons que nous vivrons aussi avec lui, sachant que Christ ressuscité des morts ne meurt plus ; la mort n'a plus de pouvoir sur lui. Car il est mort, et c'est pour le péché qu'il est mort une fois pour toutes ; il est revenu à la vie, et c'est pour Dieu qu'il vit. Ainsi vous-mêmes, regardez-vous comme morts au péché, et comme vivants pour Dieu en Jésus Christ. Que le péché ne règne donc point dans votre corps mortel, et n'obéissez pas à ses convoitises. Ne livrez pas vos membres au péché, comme des instruments d'iniquité ; mais donnez-vous vous-mêmes à Dieu, comme étant vivants de morts que vous étiez, et offrez à Dieu vos membres, comme des instruments de justice. Car le péché n'aura point de pouvoir sur vous, puisque vous êtes, non sous la loi, mais sous la grâce. Quoi donc ! Pécherions-nous, parce que nous sommes, non sous la loi, mais sous la grâce ? Loin de là ! Ne savez-vous pas qu'en vous livrant à quelqu'un comme esclaves pour lui obéir, vous êtes esclaves de celui à qui vous obéissez, soit du péché qui conduit à la mort, soit de l'obéissance qui conduit à la justice ? Mais grâces soient rendues à Dieu de ce que, après avoir été esclaves du péché, vous avez obéi de cœur à la règle de doctrine dans laquelle vous avez été instruits. Ayant été affranchis du péché, vous êtes devenus esclaves de la justice. - Je parle à la manière des hommes, à cause de la faiblesse de votre chair. -De même donc que vous avez livré vos membres comme esclaves à l'impureté et à l'iniquité, pour arriver à l'iniquité, ainsi maintenant livrez vos membres comme esclaves à la justice, pour arriver à la sainteté. Car, lorsque vous étiez esclaves du péché, vous étiez libres à l'égard de la justice. Quels fruits portiez-vous alors ? Des fruits dont vous rougissez aujourd'hui. Car la fin de ces choses, c'est la mort. Mais maintenant, étant affranchis du péché et devenus esclaves de Dieu, vous avez pour fruit la sainteté et pour fin la vie éternelle. Car le salaire du péché, c'est la mort ; mais le don gratuit de Dieu, c'est la vie éternelle en Jésus Christ notre Seigneur* »

SOMMAIRE

*11.*Quel est le nom de Jésus en rapport avec son baptême ?

Daniel : 9 - 24

*12.*Que lisons-nous à cet effet dans le Nouveau Testament ? Actes 10 : 38

*13.*Comment était Jésus avant sa crucifixion ? Philippiens 2 : 7

*14.*Comment est le corps de Jésus après sa résurrection ? Actes 10 : 41

*15.*Comment le baptême est-il encore appelé ? Daniel : 9 – 24

Daniel : 9 - 24

TEXTES ADDITIONNELS SUR LE BAPTEME DU CHRIST

*16.*Dans le nouveau testament également le même mot est-il utilisé en rappel de l'Ancien Testament ? Actes 10 : 38

*17.*Quel autre nom est-il donné aux chrétiens grâce à leur écoute et respect de la parole, et donc du baptême ? Jean 10 : 35

*18.*Jésus aurait-il eu de successeur dans sa mission salvatrice ?

Daniel 9 : 26

*19.*Pourquoi n'aurait-il pas eu de successeur ? Hébreux 7 : 24

*20.*En quel nom devrait être fait le Baptême ?

Actes 10 : 43

*21.*Jésus devrait-il être le seul Conducteur ou Pasteur ?

Réponse : OUI

*22.*Combien devrait-il avoir d'Eglise de Christ selon les saintes écritures ? Ephésiens 4 : 4 - 6

23. Un homme peut-il baptiser un autre du Saint-Esprit ? Jean 1 : 26

24. Pourquoi n'y a-t- il pas d'autres personnes par les noms desquels nous puissions être baptisé ? Jean 1 : 33

25. L'Apôtre Pierre faisait-il baptiser les croyant autrement que par le nom de Jésus ? Actes 2 : 38

26. Y a-t-il un prophète dans toute la Bible qui enseigna autrement le salut par un autre nom ? Actes 10 : 43

27. Y a-t-il deux noms possibles qui ait été donné aux Hommes par lequel nous puissions être sauvé ? Actes 4 : 12

28. Comment le nom de Jésus sauva-il les hommes ? Actes 2 : 21

29. Par quel nom Dieu fit-il toutes sortes de miracles, sauvant des maladies, délivrant les Hommes des démons ? Actes 3 : 6

30. Comment Dieu honora t-il le Nom de Jésus dans le monde ? Actes 2 : 9 - 11

31. Comment Dieu sauve-t-il depuis toujours les âmes en perdition ? Actes 2 : 38 – 39

32. Ayant accepté la vie en Jésus comment les communautés évoluèrent-elles ? Actes 2 : 41 – 44

33. Quelle cérémonie préconise Pierre suite à la manifestation du saint esprit parmi les païens ? Actes 10 : 47

34. Les Juifs ont-ils accepté spontanément l'entrée des gentils dans l'Eglise ? Actes 10 : 45

35. Comment et de quel nom les fait-il baptiser ? Actes 10 : 48

36. Pouvons-nous faire baptiser autrement que les saintes écritures ne l'aient prescrite dans la Bible ? 1 Corinthiens 4 : 6

37. Comment étaient appelés ceux qui suivaient fidèlement Jésus dans les saintes écritures ? Actes 24 : 14

38. D'où provient l'appellation du nom chrétien ? Romains 1 : 6

39. Quelques versets bibliques déterminant le nom de " CHRETIENS " que portent les croyants de YAHWEH DIEU 1 Corinthiens 1 : 2

40. Quelle est la récompense future pour ceux et celles qui acceptent l'ignominie de la part des païens aujourd'hui? Actes 24 : 15

41. Pourquoi seul le nom de Jésus prononcé lors de l'immersion nous donne-t-il le salut au Baptême ? Daniel 9 : 26 - 27

42. Que va-t-il se produire contre les chrétiens face au Diable ? Apocalypse 12 : 7 - 17

43. Comment les chrétiens vont-ils être persécutés sur toute la surface de la terre par le Diable et ses suppôts ? Apocalypse 12 : 13-16

44. Qu'est ce qui distinguera les enfants, de Dieu des autres habitants du monde ? Apocalypse 14 : 10 - 12

45. Que dit la Bible sur les propos de Jésus, entrainant la perdition de certains ? Luc 2 : 25 – 35

DIFFERENCE DE BAPTEME ENTRE LES ENFANTS DE DIEU A CEUX DU MONDE, AUX DERNIERS JOURS.

46. D'où provient la plus grande erreur des défenseurs de la doctrine de la " Trinité " c'est-à-dire les adeptes du " 666 " ? Mathieu 28 : 19

47. Quel est le sens premier sens du baptême ?

Note: La mort du Christ.

48. Baptême signifie immersion ou enterrement, peut-on de ce point de vue enterrer quelqu'un au nom de Dieu ?

49. Le Saint Esprit n'étant pas Dieu, comment la Bible le démontre-telle ? Mathieu 3 : 16 – 17

DOCTRINE DE LA TRINITE ET PERDITION DU MONDE PAR UN BAPTEME IMMONDE A PARTIR DES PAROLES INCOMPRISES DE JESUS

50. Comment les chrétiens se sont trompés sur les paroles du Christ ? Mathieu 28 : 19

51. Quelles paroles furent-elles, directement écrites du doigt de Dieu dans la Bible ? Exode 34 : 1

52. D'où provient alors cette doctrine de la Trinité ?

CONCLUSION

SOMMAIRE

DANS LA MEME COLLECTION D'ETUDE BIBLIQUE :

DANS LA MEME COLLECTION D'ETUDE BIBLIQUE :

1. *LE BAPTEME DE JESUS-CHRIST, L'ONCTION DU SAINT DES SAINTS.*
2. *LA PURIFICATION DU SANCTUAIRE, SATAN EST CHASSE HORS DU CIEL.*
3. *LA FIN DU MONDE DANS LA BIBLE ET LE SIGNE DE LA BETE, LE « 666 ».*
4. *LE GRAND SIGNE DE LA BETE, LE (666) REVELE.*
5. *COMMENT LES HOMMES ONT-ILS DEJA PRIS LE (666) LE SIGNE DE LA BETE SUR LE FRONT ?*
6. *COMMENT LES HOMMES ONT-ILS DEJA PRIS LE (666) LE SIGNE DE LA BETE SUR LA MAIN ?*
7. *LES DIX COMMANDEMENTS DE DIEU ET LE SALUT EN JESUS-CHRIST.*
8. *LA DIME, LE PECHE DE JUDAS DANS L'EGLISE CONTEMPORAINE APOSTASIEE.*
9. *QUELS SONT LES AUTRES SIGNES DE LA BETE ?*
10. *LE FONCTIONNEMENT DE L'EGLISE APOSTAT.*
11. *LE PARADIS ET L'ESPERANCE CHRETIENNE.*
12. *L'EGLISE, LES CHRETIENS.*

13. *QUI EST LE VRAI DIEU ?*

14. *IL YA UN SEUL DIEU !*

15. *IL YA UN SEUL SEIGNEUR !*

16. *IL YA UN SEUL ESPRIT !*

17. *IL YA UNE SEULE FOI !*

18. *IL YA UNE SEULE ESPERANCE !*

19. *IL YA UN SEUL CORPS !*

20. *IL YA UN SEUL BAPTEME !*

21. *LE SCEAU DE DIEU DANS L'APOCALYPSE.*

22. *LE SCEAU DU DIABLE DANS L'APOCALYPSE.*

23. *LE JOUR OU LE VATICAN, LA GRANDE PROSTITUEE, LA MERE DES IMPUDIQUES SERA DETRUITE.*

24. *VOICI LE GRAND SIGNE DE LA FIN DES TEMPS, ET DU RETOUR DE JESUS-CHRIST.*

25. *LE MOUVEMENT ISLAMIQUE DECRIT DANS LE LIVRE DE L'APOCALYPSE*

26. *LA DERNIERE EGLISE, LES 144 000, LE RETOUR DU SEIGNEUR JESUS-CHRIST, ET L'ETERNITE.*

27. *VINGT ET SEPTIEME ECRITURE : LE TEMOIGNAGE. VIE ET TEMOIGNAGES CHRETIEN !*

Printed by Books on Demand GmbH, Norderstedt / Germany